AF463265

DU REMBOURSEMENT

DE LA

DETTE PUBLIQUE

OU

DE L'AMORTISSEMENT ET DE LA CONVERSION

DE LA RENTE 5 0/0

(Extrait du *Pays-Journal de Paris.*)

Par J. MILLERET, ancien député.

BOULÉ et Cie, imprimeurs, rue Coq-Héron, 3.

DÉCEMBRE 1839.

DU REMBOURSEMENT

DE LA DETTE PUBLIQUE,

OU

DE L'AMORTISSEMENT ET DE LA CONVERSION

DE LA RENTE 5 0/0

(Extrait du *Pays-Journal de Paris.*)

> « *N'oublions pas que la prévoyance commande*
> » *d'user des jours prospères que la Providence*
> » *nous donne.* »
>
> (Discours de M. Duchâtel, ministre des finances en présentant le budget de 1838 (4 janvier 1837, page 25.)

C'est cette maxime si vraie qui servira de base à notre travail, c'est sur elle que notre opinion s'appuiera ; maxime bientôt faussée ou plutôt détruite par celui-là même qui l'avait établie devant les chambres, ainsi que nous le prouverons plus tard.

Depuis plus de cinq ans, la question complexe du remboursement et de la conversion de la rente 5 pour cent agite les esprits et inquiète les rentiers. Cette question, reportée presque entièrement sur la réduction du taux de l'intérêt a allarmé les porteurs de rentes ; leurs cris sont montés jusqu'au trône, et le pouvoir suprême effrayé bien à tort de ces clameurs intéressées, craignant d'augmenter le nombre de ses ennemis, a préféré jusqu'ici changer les ministres des finances qui voulaient sérieusement la conversion que de satisfaire les intérêts du pays, obéir au texte formel des lois et céder au vœu exprimé si souvent par la chambre des députés.

Nous espérons démontrer qu'une réduction opérée d'après les règles que prescrivent une sage et prudente politique, et renfermée dans des conditions équitables, est, suivant nous, la chose la plus simple et la plus facile du monde ; mais tout partisan que nous soyons de la conversion, nous n'en dirons pas moins que cette opération n'est rien ou n'est QUE TRÈS PEU DE CHOSE, si on la compare à une mesure bien autrement politique et financière, bien autrement intéressante pour l'avenir du pays, pour la puissance et la grandeur de la France.

Nous voulons parler de l'AMORTISSEMENT DE LA DETTE ou de sa réduction annuelle et successive.

Avant de développer nos argumens, il est essentiel de jeter un

1

regard sur les événemens qui ont eu lieu et les tentatives qui ont été faites relativement à l'exécution de cette grande mesure.

A son troisième ministère, en 1829, le baron Louis, avec ce coup d'œil si sûr et cette sagacité si grande qui le faisaient lire dans l'avenir, avait déjà prévu l'époque où, grace à la paix et à l'amortissement, le 5 pour cent atteindrait le pair.

Dans cette prévision, après avoir créé les petits grands livres, il chargea une commission d'établir les droits qu'avait l'état de rembourser sa dette, de prouver la légalité de cette mesure et d'indiquer les moyens de l'opérer. Ce travail devait être rendu public en 1820, afin de prévenir les créanciers des droits de l'état, et de sa volonté d'en user; il voulait, ainsi, faire taire toutes les objections et toutes les plaintes qui pourraient s'élever contre cette mesure. A cette époque, le 5 pour 100 variait entre 67 et 70 francs. Lorsque le baron Louis nous fit part de l'intention où il était de publier le travail de la commission, nous lui adressâmes les représentations les plus pressantes, à l'effet de suspendre ou d'empêcher une communication qui allait être le point de mire et d'attaque de tous les publicistes. Nous lui fîmes observer qu'une menace de remboursement du 5 pour cent au pair, quand il était à 68 ou 69, serait considérée comme un acte de charlatanisme ou de jonglerie, et qu'il n'y aurait pas d'épithète assez incisive pour la persiffler. « Qu'est-ce que cela me fait? nous répondit-il; à chacun » son rôle : au public ignorant ou prévenu, ses attaques; à moi, » ministre, qui connais la force du crédit et les ressources de la » France, mes prévisions de ce qui doit inévitablement arriver » d'ici à peu d'années. Quand j'ai fait rendre une ordonnance » pour permettre la libre sortie du numéraire, n'a-t-on pas dit » aussi que c'était pour envoyer tout notre or et notre argent aux » Anglais. Voyez ce qui en est advenu : la France a payé des » sommes énormes à l'étranger; mais elle a travaillé, elle a prospéré, et c'est le pays d'Europe où il y a le plus de numéraire. » Faisons notre devoir et laissons dire les sots et les ignorans. » Malheureusement, à la fin de 1819, quand la crise financière fut passée, quand les caisses du trésor furent remplies, le baron Louis quitta le ministère, pour ne pas contribuer au renversement de la loi des élections.

Après la guerre d'Espagne de 1823, entreprise malgré M. de Villèle, qui fut trahi au congrès de Vérone par son ami et son mandataire, les légitimistes se virent portés à l'apogée de leur gloire. Les constitutions et les libertés des peuples étaient détruites, l'aristocratie européenne triomphait de toutes parts, et celle de la France ne prévoyait guère que des succès qui causaient son délire seraient bientôt la cause de sa perte; croyant qu'elle n'avait plus de ménagemens à garder, elle osa former des tentatives contre les libertés de la France.

En renversant les constitutionnels espagnols, les émigrés avaient payé leur dette à leurs alliés. Il restait à la France à solder la sienne envers l'émigration. Dès lors, au lieu de donner aux défenseurs de la patrie le milliard que la nation leur avait promis, il s'agissait de le fournir à ceux qui étaient revenus avec l'étranger vainqueur. C'était le second tribut qu'elle avait à subir, depuis ses désastres.

M. de Villèle était un homme trop éclairé pour ne pas sentir qu'il fallait céder au torrent et obéir aux exigences de la camarilla du pavillon Marsan; il concéda donc le milliard, mais, en ministre intelligent, au lieu de délivrer des rentes 5 pour 0[0, il imagina un fonds nouveau dit 3 pour 0[0 et ne constitua ainsi que 30 millions de rentes au lieu de 50. C'était se tirer d'un mauvais pas de la manière la plus habile pour les intérêts du trésor. Voilà, *suivant nous*, à quelle cause il faut attribuer la création de la rente 3 pour 0[0. La proposition faite à cette époque de convertir le 5 pour 0[0 en 3 pour 0[0 à 75 n'a été émise que pour confondre la nouvelle et l'ancienne dette, et par cette confusion, garantir aux émigrés leurs nouveaux titres, en cas d'événemens politiques; prévision sage, justifiée bientôt par les événemens de 1830. En effet, comment penser qu'un homme d'une aussi haute capacité, d'un sens si droit, ait pu songer à la conversion du 5 0[0 en 3 0[0 à cette époque!...Comment imaginer qu'au lieu d'une réduction de demi en demi pour 0[0, il ferait descendre d'un seul bond le 5 0[0 de 2 fr., quand la rente venait à peine d'atteindre le pair; quand l'emprunt de 23 millions de rentes qu'il venait de conclure n'avait été réalisé que pour moitié; et quand il existait sur la place pour plus de 25 millions de rentes flottantes; non, cela ne peut se supposer; non, cela ne pouvait être.

Quoi qu'il en soit, et malgré les efforts des banquiers, la conversion manqua parce que nécessairement, d'après les causes que nous venons d'indiquer, elle était impossible; à part ce contre temps, l'opération de M. de Villèle réussit en partie, du moins, il atteignit le double but qu'il s'était proposé : assurer un milliard à l'émigration et confondre ses rentes avec celles des autres créanciers de l'état.

Sur fr. 197,036,309 de rentes 5 pour 0[0 qui existaient alors, il en a été converti pour 30,573,793 en 24,459,035 fr. de rentes 3 pour 0[0 et 1,149,849 en 1,034,764 fr. de rentes 4 1[2 garanties du remboursement pendant dix ans seulement, par la loi du 1er mai 1825.

En 1830, M. de Chabrol, ministre aussi capable qu'intègre, dans le louable dessein d'alléger les charges publiques, pensa à effectuer la conversion. La France était prospère, les capitaux abondaient, la rente était classée et le crédit de l'état était à sa plus grande hauteur. Cependant en homme prudent, M. de Chabrol voulut sonder la puissance du crédit public. A cet effet, et sans que le trésor éprouva le moindre besoin, il contracta le 12 janvier 1830 un emprunt de 80 millions, en rentes 4 pour 0[0. Cette sage tentative a été couronnée du plus brillant succès; le 4 pour 0[0 fut négocié à 102, 07 1[2. M. de Chabrol allait donc se préparer à l'exécution de la grande mesure qu'il avait médité, lorsqu'instruit des projets contre-révolutionnaires que des insensés conseillaient à la couronne, il quitta le ministère des finances.

Survint la révolution de juillet et arrivèrent, à sa suite, des événemens qui, pendant quelques années, ont troublé le repos du pays et altéré le crédit public; mais il ne tarda pas à se relever, et, dès 1833, M. J. Lefèbvre, dans son rapport sur le budget de cette année, s'exprimait ainsi au nom de la commission : « Et ce » n'est pas tout, messieurs, si tel était l'état du crédit que nous » puissions émettre des rentes 4 0[0 à un prix voisin du pair; nous » serait-il permis de laisser subsister à la charge de l'état les rentes » 5 pour 0[0? Ne serait-ce pas pour nous un devoir impérieux d'u» ser de la faculté qui appartient à tout débiteur de se libérer d'une » dette onéreuse? etc., etc. »

En 1836, M. Humann, alors ministre des finances, fait un rapport à la chambre des députés dans lequel il insiste sur la conversion des rentes. Ce rapport présenté, dit-on, sans la participation de ses collègues, jette la perturbation dans le ministère. La chambre approuve le principe et force, par cette décision, tous les ministres à donner leur démission.

Arrivent le cabinet du 22 fevrier et la proposition de M. Gouin relative à la conversion; proposition accueillie par la chambre à une immense majorité.

Le rapport de la commission présenté par M. Lacave-Laplagne est aussi remarquable par l'étendue de ses développemens que par la force de ses raisonnemens. Tout homme de bonne foi qui l'aura lu restera convaincu de la justice et de la légalité de la conversion. Au surplus, le droit qu'a l'état d'y procéder, est aujourd'hui une de ces choses jugées et reconnues par tout le monde ; nous n'y reviendrons pas. Cependant nous croyons utile de rappeler les déclarations faites à cette époque par les ministres.

M. Thiers, président du conseil, dit à la chambre des députés le 14 mars 1836 :

« A l'égard de l'inopportunité actuelle, le gouvernement a cru » devoir renvoyer la présentation d'un projet de loi à la session » prochaine. Je prends l'engagement de le présenter à cette époque. »

Et le 22 du même mois M. d'Argout, ministre des finances, s'exprimait ainsi :

« Nous nous tenons tous pour engagés et pour liés à l'accomplissement de cette promesse ; j'ignore en quels termes on pour» rait s'engager plus positivement. »

Promesses de ministres qui étaient sincères, sans doute, mais qui, pour être tenues, avaient besoin de l'adhésion du chef de l'état. Cependant cette mesure, si juste et si inoffensive, déplaisait en haut lieu, et les ministres qui la soutenaient, avec l'assentiment de la chambre des députés, devaient tous disparaître devant elle.

Aussi ces promesses furent-elles acquittées par le renversement du cabinet de M. Thiers et l'avènement du ministère du 6 septembre 1836.

Le ministre des finances de ce nouveau cabinet avait été choisi dans ce parti qui, inflexible dans ses doctrines politiques, est aussi souple que coulant dans leur exécution et leur interprétation, lorsqu'il est parvenu aux affaires. Sous ce rapport, il convenait mieux que personne aux mesures que le pouvoir suprême demandait à sa docilité.

Nous allons voir comment il agit pour éluder le vœu de la chambre des députés et renverser toutes les prévisions de ses prédécesseurs.

Dans la séance du 22 mars 1836, M. d'Argout, en confirmant les ressources présentées par M. Lacave-Laplagne dans son rapport du 14 mars, les détaillait ainsi :

« Par l'action de la réserve de l'amortissement, la dette flottante » sera réduite à 243 millions ; vous pourrez lui demander facile» ment 300 millions ; d'un autre côté, l'amortissement sur le 4 et » le 5, engagé jusque-là en vertu de la loi du 7 juillet 1835, vous » donnera 51 millions.

» Les caisses d'épargne nous donnent 60 millions par an ; à la » fin de 1837 nous aurons donc 120 millions, car ces placemens

» s'augmentent en progression géométrique. Les placemens des » communes donnent au moins 12 millions par an ; ci, pour deux » ans, 24 millions.

» Voilà donc 500 millions dont vous pourrez disposer de plus » à la fin de 1837 ; pour peu qu'on y ajoute une souscription ou » un emprunt conditionnel, vous aurez 8 à 900 millions qui suffi- » ront et au-delà pour rembourser ceux qui ne voudraient pas » convertir. »

Il est évident, avait dit M. Lacave-Laplagne, que le ministre des finances pourra sans peine *au commencement de* 1838, réunir une telle masse de capitaux qu'il ne sera pas possible de prétendre que l'offre de remboursement n'est pas sérieuse.

Par ces citations, nous avons voulu prouver que le trésor avait tous les moyens nécessaires pour opérer la conversion.

D'ailleurs, cette mesure était devenue indispensable depuis que, par l'effet de la dotation considérable concédée à l'amortissement, les fonds publics avaient été portés à une élévation démesurée ; élévation qui, tendant sans cesse à s'augmenter, ne pouvait qu'accroître et perpétuer la dette, si on continuait les rachats sur la place.

Pour remédier à cet état de choses. on eut recours à des mesures législatives. La loi du 1er mars 1825 interdit l'emploi des sommes affectées à l'amortissement au rachat des fonds dont le cours serait supérieur au pair ; et celle du 10 juin 1833 statuait ainsi, par l'art. 6 :

« Il ne sera disposé du montant de la réserve possédée par la » caisse d'amortissement que pour le rachat ou le REMBOURSE- » MENT de la dette consolidée. Le remboursement n'aura lieu » qu'en vertu d'une loi spéciale. »

Aussi, la commission sur la proposition Gouin avait dit avec justesse dans son rapport que le moyen de concilier le droit de rembourser avec le droit toujours subsistant de réduire la dette, c'était de faire succéder aussitôt que possible le REMBOURSEMENT au rachat lorsque celui ci s'arrête.

Ces bases posées, et personne n'osera en contester la justesse et le droit, examinons comment le ministre du 6 septembre a écouté la voix du pays ; comment il a répondu au vœu des chambres ; comment il a défendu les intérêts du trésor et exécuté les termes précis des lois.

En présentant les budgets de 1838, ce ministre s'exprimait ainsi :

« Nous aurions *désiré* pouvoir vous entretenir à l'ouverture de

» la session des moyens de REMBOURSER ou de convertir les rentes » 5 0/0. Cette mesure, qui a provoqué de si vifs débats, nous » semble fondée en légalité et en justice. »

Puis,

« Si donc la situation financière de la France et de l'Europe » était restée la même qu'il y a un an, nous n'hésiterions pas à » venir, en ce moment même, vous proposer un plan de conver- » sion, nous serions *jaloux de tenir fidèlement l'engagement pris* » *par nos prédécesseurs*, etc. »

Et plus loin :

« Aussitôt que la situation commerciale et financière rendra la » conversion praticable et sans danger, nous viendrons satisfaire » *à vos vœux qui sont les nôtres.*

» Mais le gouvernement ne doit vous adresser de propositions » formelles qu'autant qu'à ses propositions peuvent se joindre » *des moyens assurés d'exécution.* »

Voilà de grands principes et de sages doctrines mises en avant ; maintenant passons à leur application.

D'abord ce ministre, pour *s'assurer des moyens d'exécution*, commença par inquiéter les classes laborieuses et par jeter le désordre et la perturbation dans le philantropique établissement des caisses d'épargnes, en proposant une loi pour transférer du trésor à la caisse des consignations les fonds de ces établissemens.

Puis, comme ce n'était pas assez de priver le trésor d'une ressource de 100 millions, il résolut de lui enlever des sommes bien autrement considérables : celles provenant de la réserve de l'amortissement. Au lieu de les appliquer AU REMBOURSEMENT DE LA DETTE, suivant le texte impératif de l'art. 6 de la loi du 10 juin 1833, ainsi qu'il l'avait reconnu dans son discours, il imagina de créer avec ces ressources un fonds extraordinaire pour de grands travaux publics. Ici nous rapportons les argumens présentés par ce ministre à l'appui de sa demande :

« Dans un projet de loi spécial, dit-il, qui formera le complé- » ment du budget, nous vous demandons de créer un fonds ex- » traordinaire pour les travaux publics ; à ces fonds seront attri- » bués tous les excédans de recette, et nous réclamerons de votre » sollicitude pour la prospérité nationale la faculté d'*employer la* » *réserve de l'amortisssment* à la même destination. Ce n'est pas » là DÉTOURNER l'amortissement de son véritable objet (et qu'est- » ce donc, s'il vous plaît ?) ; le but de l'amortissement est de sou- » lager l'avenir ; et ne vient-on pas au secours de l'avenir aussi

» bien en développant les ressources du pays et en augmentant
» la richesse générale *qu'en éteignant les dettes du passé.* »

Enfin :

« Les améliorations matérielles entraînent les améliorations
» *morales* à leur suite ; tout ce qui développe la civilisation con-
» tribue à élever la *moralité* des peuples aussi bien qu'à affermir
» la grandeur des états.

Est-il possible d'accumuler plus de déclamations, plus de sophismes pour cacher le véritable but que l'on voulait atteindre ? *empêcher la conversion des rentes.* Est-il possible de détourner plus ouvertement le fonds d'amortissement ? Est-il concevable que l'on ose prétendre que des mesures aussi déloyales *contribuent à élever la moralité des peuples ?* Et n'est-il pas déplorable que des chambres françaises aient sanctionné des actes aussi peu dignes de la loyauté nationale ?

Et s'il survient une guerre ou des événemens qui fassent baisser le 5 pour 100 au dessous du pair, comme nous l'avons vu en 1825 et en 1830, les créanciers ne pourront ils vous reprocher, à juste titre, d'avoir disposé de la réserve de l'amortissement, et d'empêcher par là les rentes de remonter au pair ? Et si, comme en 1830, le 5 pour 100 retombait à 74 fr., un créancier qui serait forcé de vendre 5,000 fr. de rentes, ne vous accuserait-il pas avec raison de lui faire perdre 26,000 fr., parce que vous avez détourné 2 ou 300 millions de l'amortissement ?

Et si les circonstances vous forçaient à recourir à des emprunts, les prêteurs ne vous imposeraient-ils pas des conditions onéreuses, par trois raisons sans réplique : la première, parce que la masse de votre dette serait déjà trop forte ; la deuxième, parce que la rente serait descendue à des cours très bas ; la troisième, enfin, parce qu'ils vous diraient à bon droit : Nous ne pouvons avoir confiance dans votre bonne foi et dans vos moyens d'amortissement, puisque, d'une part, vous avez déjà manqué à vos engagemens, et que, de l'autre, vous avez détourné, en 1837, les fonds de l'amortissement.

Voici où mène un pareil système : destruction du crédit public, affaiblissement de la puissance de l'état et charges immenses dans l'avenir.

Créez un fonds extraordinaire pour les travaux publics avec vos économies, avec vos excédans de revenus, avec le bénéfice que vous obtiendrez par la conversion des rentes, nous le concevons, nous l'approuvons ; mais détourner, sous ce prétexte, le fonds sacré de l'amortissement, c'est un acte impolitique, illégal, anti-financier et de mauvaise foi.

Passons aux événemens qui ont suivi le court ministère du 6 septembre.

A M. Duchâtel succéda M. Lacave-Laplagne, le rapporteur de la commission sur la proposition de M. Gouin.

Malgré le discours du trône, qui annonçait, à l'ouverture de la session de 1838, la tranquillité du pays, la prospérité de nos finances, l'accroissement de nos revenus, le maintien de la paix européenne, et l'espoir d'alléger, *par la conversion de la dette*, le fardeau des charges publiques, cette mesure n'en fut pas moins ajournée, grâce à une autre tactique que nous pourrions autrement caractériser. Malheureusement M. le ministre des finances ne pensait plus comme le rapporteur de la commission de 1836. M. Gouin se trouva donc dans la nécessité de reproduire de nouveau sa proposition, et la chambre des députés la prit encore en considération. Lors de la discussion le ministre avoua que, relativement au trésor, la mesure était entièrement exécutable, mais qu'à d'autres égards, elle était *inopportune*. Et la chambre des pairs, trop intéressée dans la question, repoussa le projet de loi qui lui avait été présenté par la chambre des députés.

La session de 1839 s'est passée en débats politiques, en lutte gouvernementale, en élections, en crises ministérielles; et par suite, ajournement encore de cette grande mesure.

Nous voici à 1840. La paix générale est consolidée en Europe, si on en croit le discours de la couronne; notre situation politique en France est plus belle qu'en 1838, profitera t-on de circonstances aussi favorables pour réaliser les vœux du pays? c'est ce que MM. les ministres vont bientôt nous apprendre, et nous font, hélas! déjà pressentir par la présentation de leur projet de loi.

Quoiqu'il en soit, avant de procéder, soit au remboursement, soit à la conversion, nous pensons qu'il est indispensable de prendre les mesures suivantes; mesures qui n'engagent à rien, mais qui laissent au gouvernement la faculté d'agir seul et quand il le jugera à propos, mesures dont l'exécution évitera toute perturbation à la bourse et enlèvera toute inquiétude aux rentiers.

Mesures préliminaires à prendre avant le remboursement et la conversion.

Nos rentes 5 0|0 s'élevaient au 1er janvier 1839, à. . . . . 147,119,749 f.

Dont 12,540,978

Sont entre les mains de la caisse d'amortissement.

Reste dans la circulation. . . . . 134,578,771 f.

Ce fonds est trop lourd et trop compact. Il forme une seule masse sur laquelle il est difficile d'agir. Outre cet inconvénient, il présente au trésor, dans les momens de gêne de grands embarras pour le paiement des sémestres. 74 millions à compter à une époque fixe, exigent des réserves qui causent des pertes. Sous ce rapport, il serait à souhaiter que les intérêts fussent répartis en quatre termes et payables les 21 des mois de mars, juin, septembre et décembre. Cette mesure d'ordre soulagerait le trésor et conviendrait également aux rentiers.

En conséquence, le ministre des finances proposerait aux chambres une loi qui ordonnerait la division du grand-livre en 27 séries, comprenant chacune 100 millions de capital, ou 5 millions de rentes.

Quatorze séries toucheraient leurs sémestres aux 21 mars et 21 septembre.

Les 13 autres, les recevraient aux 21 juin et 21 décembre.

Chaque année, avec les fonds provenant de l'amortissement, des excédans de revenus et des économies, le gouvernement rembourserait une des séries qui serait désignée par le sort, dans un tirage public.

Dans aucun cas et d'après les motifs désignés plus loin (à l'article relatif à la conversion des rentes), le gouvernement ne pourrait rembourser plus d'une série chaque année.

Afin que les particuliers et les grands établissemens publics ne se trouvent pas embarrassés par un remboursement qui déplacerait leur fortune et amoindrirait leurs revenus, chaque titulaire d'une inscription de 1,000 fr. de rentes et au-dessus pourra demander qu'elle soit divisée en autant d'inscriptions nouvelles qu'il y aura de séries.

Dans notre bonne France, les abus se glissent partout et parviennent à passer à travers les défenses et les formes les plus sévères. Aussi n'admettons-nous aucune exception au remboursement d'une inscription de rente qui fera partie de la série désignée par le sort. Si cette inscription appartient aux hospices, à la caisse des invalides, à la Légion-d'Honneur, etc., ces établissemens se pourvoiront devant qui de droit pour obtenir une indemnité ou un supplément de dotation et il ne pourra être fait droit à leur réclamation que par *une loi spéciale.*

Il sera libre à chaque cédant ou acquéreur d'un titre de faire insérer dans le même certificat d'inscription :

Que la rente ne pourra être vendue avant telle époque fixée.

Qu'après la mort du titulaire, elle fera retour à telle personne.

Qu'elle est au profit de mineurs ou en remplacement de dot, etc.

Ces divers cas seront prévus par la loi, afin d'immobiliser le plus possible de rentes et de donner plus de sûreté et de tranquillité aux familles.

Des dispositions particulières seront prises relativement aux rentes divisées en usufruit et en nue propriété, etc., etc.

Le renouvellement de titres occasionné par le classement des rentes en séries, présentera encore, outre un bénéfice pour le trésor qu'on peut évaluer à environ un million de rentes, l'avantage de réprimer des détournemens ou des vols commis au détriment de nombreuses familles.

En effet, il paraît certain qu'il existe une masse considérable d'inscriptions dont les propriétaires sont inconnus ou spoliés et que ces inscriptions sont entre les mains de personnes qui en touchent indûment les semestres.

Nous pensons que si ces mesures étaient prises et régularisées par une loi au commencement de la session de 1840, le ministre pourrait, avant la dissolution des chambres, proposer et demander sérieusement les moyens de remboursement.

Du remboursement de la rente 5 0/0.

Pour bien juger cette question, il est nécessaire de rappeler la situation de la dette publique et de l'amortissement.

Suivant le budget de 1840, *la totalité* de la dette publique et de l'amortissement s'élevait en intérêts à 325,588,664 fr., représentant un capital de 4 milliards, 317 millions, y compris 583 millions pour la dette flottante.

Sur ces 325 millions d'intérêts annuels à servir, 147,119,000 francs appartiennent aux 5 0/0 et 44,616,000 francs à la dotation annuelle du fonds d'amortissement. Mais il faut observer que, sur cette masse de rentes 5 0[0, la caisse d'amortissement en possède 12,541,000 francs; reste en circulation 134,578,000 fr. dont 106 millions en rentes mobilisées ou vendables et 28,577,000 fr. en rentes immobilisées. Ces dernières appartiennent aux majorats et dotations, à la légion d'honneur, à l'université, aux invalides de la marine, à des établissemens publics et religieux, aux cautionnemens, etc.

La loi du 25 mars 1817, en fondant une caisse d'amortissement, l'a dotée de 40 millions; les lois des 19 juin 1828, 25 mars et 18 avril 1831, y ont ajouté 4,616,000 fr. pour des dotations spéciales à certains emprunts. Total, 44,616,000 fr.

Ces dotations ont formé la base du crédit public. Placées sous la sauve-garde des lois et de l'honneur national, elles étaient comme nous l'avons déjà dit, la garantie des emprunts faits et la propriété des créanciers. On ne pouvait donc y toucher sans fouler aux pieds les termes exprès des contrats d'emprunts.

Ces principes d'équité et de haute politique ont été professés par la plupart de nos hommes d'état; déjà nous avons cité à ce sujet les opinions de M. le baron Louis et de M. de Chabrol; il nous reste à en rappeler d'autres.

Dans son rapport du 8 juin 1838 sur le projet de loi relatif à la conversion, M. le comte Roy disait :

« Un fonds d'amortissement a été créé dans la vue d'éteindre
» ou de diminuer la dette de l'état, d'en prévenir l'accroissement
» indéfini et de soutenir la confiance et le crédit.

» Lorsqu'il fut créé, en 1816 et en 1817, il fut présenté aux
» prêteurs comme un puissant moyen d'amélioration, il devint
» une *condition du contrat*, un engagement pris avec eux, et le
» respect pour la foi publique n'en permettait pas la suppression
» ou le DÉTOURNEMENT pour un autre usage.

» Depuis, une autre loi du 17 mai 1837, a affecté les fonds de
» la réserve à l'exécution des travaux publics, ou si l'on veut par
» un *détour peu digne de la loi*, à la conversion de cette réserve
» *en rentes* qui seraient créées pour l'exécution de ces travaux.

Et plus loin :

» Dans un tel état, la législation de l'amortissement ne peut
» plus se soutenir, ou plutôt *elle n'existe plus*, et une autre est
» devenue indispensable pour qu'il cesse d'être un MENSONGE et
» qu'il puisse remplir l'objet pour lequel il a été établi. «

Certes, il est difficile de signaler plus sévèrement et avec plus de justesse les actes du ministre du 6 septembre; et on était fondé à les juger ainsi, quand on considérait qu'au lieu de dégager notre avenir par le remboursement, ce ministre n'avait fait qu'empirer notre position en augmentant la dette par ces emprunts déguisés.

Donnons-en la preuve : les rentes créées en faveur de la caisse d'amortissement auront augmenté le grand livre, en 1840, de

4,765,811 en rentes 4 p. 100
et de 1,410,090 en rentes 3 p. 100

A ces 6,195,901 il faudra ajouter 5,000,000 pour les intérêts, en 1839, des sommes non consolidées.

Et si cette marche est suivie pendant huit ou dix ans, notre dette, loin de diminuer, se trouvera augmentée d'au moins 40 millions de rentes !...

C'est donc avec fondement que l'on pourra dire : On a changé en un instrument constant d'*emprunt* une caisse d'amortissement créée pour être un instrument de *libération*.

C'est donc avec grande raison que M. Gouin et les rapporteurs des commissions nommées pour l'examen de ces propositions, ont insisté avec force sur la nécessité d'éteindre la dette. En effet, disaient-ils, TOUJOURS EMPRUNTER et ne JAMAIS REMBOURSER, c'est marcher à une ruine inévitable.

Et que les auteurs de ces projets anti-politiques y songent bien et ne le CACHENT PAS AU TRÔNE. Ce furent des emprunts sans bornes et des dépenses sans limites qui jetèrent le désordre dans nos finances, et ce fut le désordre de nos finances qui provoqua la révolution de 1789.

MM. Humann et d'Argout ont pensé comme les commissions et ont toujours parlé en faveur du remboursement. Comment s'est-il donc fait qu'après de *telles prémisses* ils n'aient conclu qu'à une demande de conversion.

Cependant et comme l'a écrit si justement M. de Mosbourg « la » conversion n'est pas un remboursement puisqu'elle ne diminue » pas le capital de la dette.

» La conversion est l'opposé du remboursement lorsqu'elle est » acheté par l'accroissement du capital de la dette.

» La conversion dans ce dernier cas devient un emprunt, etc. »

Nous ne pousserons pas plus loin nos citations, ce que nous venons de dire a démontré jusqu'à la dernière évidence que les lois et une sage politique prescrivent le remboursement et que rien au monde, pas même la conversion, ne doit arrêter ou suspendre sa marche. En oubliant cette conséquence, MM. d'Argout, Humann et Passy ont commis, suivant nous, une erreur grave.

On ne discute plus aujourd'hui le droit qui appartient à l'état comme à tout particulier de se libérer, mais on lui dit qu'il ne doit le faire qu'en totalité et que lorsqu'il aura pu réunir les 2 ou 3 milliards que nécessitera cette opération. Voilà une fin de non recevoir ou une échappatoire que nous n'admettons pas. Le gouvernement peut se libérer en PARTIE comme en TOTALITÉ ; la prétention contraire n'est plus soutenable, du moment où l'on admet le droit de remboursement.

Les créanciers de l'état eux-mêmes, dans leur propre intérêt, doivent approuver le remboursement et l'extinction successive de la dette; car, si l'on continue à emprunter sans jamais rembourser, ils doivent entrevoir le terme où ils perdront capital et intérêt.

C'est pourquoi nous demandons le rétablissement des sommes détournées au profit de l'amortissement, puisqu'elles avaient une destination sacrée et que l'état ne pouvait en disposer.

Avec ces fonds, le ministre des finances remboursera une ou deux séries de la rente 5 pour 0[0.

Quant aux travaux publics, nous parlons de ceux qui ont été votés, ils seront continués avec les fonds provenant des emprunts que le ministre ouvrira avec publicité et concurrence, suivant le mode que nous expliquerons plus tard.

Tel est le moyen de rétablir les choses dans l'exacte vérité.

Les chambres adopteront nos propositions si elles daignent considérer :

Qu'au 1er janvier 1839, le trésor avait en dépôt à la banque 156.846,000 fr., qui ne produisent pas un centime d'intérêt. Le revenu de 156 millions, perdu ou abandonné, quand on paie 5 0[0 d'intérêts à des capitalistes qui ont acheté la rente au taux commun de 73 fr....!

Que le trésor, avec des bons royaux, pourra trouver facilement des fonds à 2 1[2 p. 100;

Que la Banque sera trop heureuse de lui en procurer à 3 p. 100;

Et que les receveurs-généraux et les établissemens publics en fourniront abondamment à 4 p. 100.

Cette réparation consommée, nous passons à la conversion.

De la conversion de la rente 5 0[0.

Nous venons de dire que cette opération devait suivre le remboursement et peut-être même marcher de pair avec lui; déjà, dans l'art. 1er, nous avons indiqué les moyens de l'opérer sans secousses et surtout, sans employer le concours onéreux des maisons de banque; nous le répétons : tout ministre qui, en temps de paix et de prospérité, se croit obligé, dans ses grandes opérations, d'avoir recours à l'intervention des gens de finances, est un homme au-dessous de sa place; mais revenons à la conversion.

Avant d'entrer dans les détails d'exécution, il est nécessaire de réfuter quelques objections élevées contre la conversion, d'en prouver les avantages et d'examiner les divers projets qui ont été présentés pour l'exécution de cette grande mesure.

Nos adversaires, sans nier les termes clairs et précis des lois, sans contester les principes du droit commun et du droit civil qui permettent à tout débiteur de se libérer, sans décliner tous les antécédens qui les condamnent, prétendent « que ces principes ne » sont pas applicables à la dette publique, parce qu'elle est sou- » mise à des lois spéciales et au droit politique qui repose sur la » bonne foi et l'équité de l'état; de là ils concluent que rien ne » serait plus funeste et plus contraire à la justice que de confon- » dre, suivant les circonstances et suivant l'intérêt du plus fort, les » principes du droit civil avec ceux du droit politique. »

Ainsi, ce qu'ils demandent c'est une *exception* ou un *privilége*.

» Ils soutiennent que l'*amortissement* ou le *rachat* sur la place » des rentes constituées par l'état est le seul moyen d'extinction » qui ait été stipulé entre lui et ses prêteurs. »

D'où il s'en suit que le trésor devrait racheter à la bourse, même au taux de 140 fr., des rentes qu'il a vendues au taux commun de 73 fr. Ils ne voient donc pas que, par le *rachat* de la rente à tout prix, on inféoderait le revenu public aux rentiers ; on imposerait au pays des sacrifices sans bornes et sans termes ; et qu'aux 637 millions de capital accordés déjà aux rentiers, lors des emprunts, il faudrait ajouter encore 6 à 700 autres millions.

« Ils disent qu'il serait souverainement injuste de réduire des » rentes qui ont déjà éprouvé la réduction des deux tiers par la » loi du 24 août 1793. » Cette objection est la seule vraie; les titulaires qui ont subi cette perte, ont un droit incontestable à une indemnité ou à une exception, si, depuis 1793, ils ont conservé leurs titres.

«L'offre de remboursement, disent-ils, n'est qu'une menace, ou un » artifice ; on ne la fait que parce qu'elle ne pourra être acceptée » car, si elle devait l'être, le remboursement ne pourrait avoir » lieu. On ne parle que de remboursemens ; mais c'est la réduc- » tion que l'on demande, etc. » A ces objections, nous répondrons que MM. Lacave-Laplagne, d'Argout, Passy et Humann avaient démontré la très grande facilité qu'avait le ministre des finances de réunir une somme de 8 à 900 millions jugée plus que suffisante pour une telle opération. Mais aujourd'hui que, d'après notre projet, la rente serait divisée en vingt-sept séries, rien ne serait plus facile que la conversion.

Voici comment ils trouvent cette mesure injuste :

« Si, dans les momens de détresse, disent-ils, l'état trouve bon » de nous appeler à son secours, par compensation, dans ses » momens de prospérité, il ne devrait pas diminuer nos revenus ; » car, s'il en est autrement, nous sommes victimes dans toutes » les chances, bonnes et mauvaises. L'état devrait donc nous » continuer le service de l'intérêt à 5 pour 0[0. » A quoi l'on peut répondre que ce reproche serait fondé, si on n'avait pas commencé par leur abandonner une somme ou une prime qui formait le tiers du capital emprunté. On leur dira encore que, sur les sommes prêtées, ils ont joui, depuis vingt-quatre ans, d'un intérêt de près de 7 pour 100. Tandis qu'il n'est alloué aux caisses d'épargne qu'un intérêt de 4 pour 100 ; et ces caisses, qui sont la réserve du pauvre et de l'ouvrier, méritent pour le moins autant d'égards que les créanciers de l'état.

« Ils représentent enfin que leur sort doit d'autant plus inté- » resser, que sur 120,000 propriétaires divers qui existaient en » 1836, 45,000 étaient propriétaires de rentes de 100 fr. et au- » dessous et 45,000 propriétaires de rentes de 101 à 500 fr. : d'où » ils concluent que ces modestes revenus appartiennent à des » familles peu fortunées, et qu'elle sont indispensables à leur exis- » tence. » Cette assertion est loin d'être prouvée ; nous croyons que ce que l'on présente pour un *tout*, ne forme qu'une minime partie du revenu de certains rentiers. Nous ajouterons qu'en regard de ces 45,000 propriétaires d'une rente de 100 fr. et au dessous, on aurait dû placer les huit millions cinq cent mille petits contribuables dont la côte ne s'élève qu'à 20 fr. et au dessous. Ceux-là méritent bien aussi quelque considération, ne fut-ce qu'en raison des charges qu'ils suportent depuis 22 ans pour assurer le service de la dette et maintenir la dotation de l'amortissement.

Au surplus, ce ne sont pas les 45,000 petits créanciers de 100 fr. de rentes et au-dessous que l'on met en avant qui viendront se plaindre et s'opposer à cette mesure ; ce seront bien plutôt les 14,000 INDIVIDUS qui possèdent à eux seuls 75 millions de rentes au minimum de 4,500 fr., et dont la moyenne est de 5,000 fr. de rente.

Ces derniers sont puissans et représentés dans les chambres ;

seulement, n'osant pas plaider en leur nom une mauvaise cause, ils se cachent derrière les petits rentiers.

Enfin, nous r pré.en'erons que cette conversion si nécessaire, et si légale n'est rien moins qu'injuste, et nous le prouvons.

Depuis 1815 jusqu'à 1832, en y comprenant l'emprunt national délivré au pair, les emprunts ont été contractés à

51 francs	23 centimes.	
52	50	
55	50	
57	26	
66	50	
85	55	
87	07	
89	55	etc.

Ils se sont élevés, en somme ronde, à cent dix-neuf millions de rente 5 0[0, et ressortent au taux commun de 73 fr. 27 c., ce qui assurait aux prêteurs un intérêt de 6,824 millièmes. ou près de 7 p. 0[0; d'où il s'en suit que le trésor,

qui n'a reçu que.	1,747	millions.
a contracté une dette de.	2,384	»
et supporté une perte de.	637	»

dans l'espace de vingt-quatre ans.

On peut encore retirer de ces chiffres des résultats fort remarquables.

En appliquant au taux commun de l'intérêt des emprunts (6,824 millièmes), la réduction d'un 10e, dans la supposition où la rente 5 0[0 sera convertie en 4 1[2, les prêteurs jouiront d'un intérêt de 6, 14 0[0, et dans la supposition où le 4 1[2 serait de nouveau converti en 4 0[0, ils percevraient encore un intérêt de 5, 45 sur le capital de 1,747 millions qu'ils ont versé au trésor.

Voici un autre résultat tout aussi digne de considération :

Un intérêt de 6,824 millièmes représente à peu de chose près 6 et 5[6 p. 0[0; en admettant qu'un capitaliste se soit contenté de retirer 5 0[0 des fonds qu'il aurait prêtés à l'état et qu'il eût placé chaque année, à un intérêt composé, l'excédant de 1 et 5[6 qu'il recevait du trésor, qu'en serait-il résulté ? Ce placement fait, depuis 22 ans, aurait produit une somme de 70, 55.

Ainsi, les contractans des emprunts n'ont aucun droit de se plaindre, puisqu'ils auront perçu, d'une part, 5 0[0 pour les intérêts du capital de 73, 27 qu'ils ont prêté à l'état, et que, d'autre part, ils seront rentrés dans une somme de 70, 15 sur ce capital.

Ces considérations sont décisives et sans réplique ; seules, elles imposeraient au gouvernement l'obligation de convertir la dette 5 0[0.

Nous avons répondu aux principales objections, démontrons maintenant les avantages de cette mesure.

La conversion, étant opérée, sans exception aucune, portera approximativement sur 120 millions de rentes, déduction faite des indemnités qu'une loi spéciale accorderait à chaque établissement public ; l'économie d'un 1[2 0[0 d'intérêt ou du 10e de la rente serait donc de 12 millions.

Voilà pour l'avantage financier. Mais l'avantage moral et politique a une portée bien autrement étendue. La conversion amènera nécessairement la diminution du taux de l'intérêt et l'augmentation de la valeur des immeubles.

Elle donnera une impulsion immense à l'industrie, à l'agriculture, aux entreprises nouvelles en leur procurant des capitaux plus abondans et moins chers.

Elle facilitera l'exécution des chemins de fer par des compagnies sérieuses.

D'un autre côté, une faible réduction d'un demi pour 0[0 n'amènera aucun déclassement, puisqu'un ministre des finances a dit à la chambre, en 1838, que tous les déclassemens dont la conversion aurait pu être cause étaient effectués.

Il a reconnu encore que, dès 1838, la situation politique, soit intérieure, soit extérieure, ne mettait point obstacle à la conversion de la rente, et il a déclaré que l'état de nos finances était favorable à l'exécution de la mesure. Cependant il en a demandé l'ajournement en se fondant sur des *circonstances particulières*.

Cette opération, proposée à des conditions équitables, aura donc lieu sans contrainte et sans les récriminations des rentiers.

D'ailleurs où porteraient-ils leurs fonds? à l'étranger? Mais tout les états européens, même les petites puissances d'Allemagne, ont réduit l'intérêt de leur dette.

En Angleterre le 3 pour 0[0 est à 92.

En Autriche, en Prusse, en Hollande et même en Russie, le taux moyen de l'intérêt est 4.

Reste maintenant à examiner les divers systèmes de conversion proposés.

Ceux qui ont été présentés par MM. Humann, Gouin et Laffitte ont le tort grave, suivant nous, d'avoir oublié le remboursement de la dette en faveur de la conversion, et de n'avoir vu d'autre moyen de conversion qu'en augmentant le capital.

M. Humann voulait constituer, en remplacement de la rente 5 o[o, de nouvelles rentes, à titre inférieur, émises au pair avec un certain nombre d'annuités qui seraient rachetées par la caisse d'amortissement.

Ce système d'annuités a le double défaut d'équivaloir à une augmentation de capital et de donner un aliment à l'agiotage, parceque des effets qui ont cinq à six ans à courir doivent éprouver de violentes secousses par les événemens qui peuvent surgir. Il a été abandonné avec raison dans les deux chambres.

Celui présenté par M. Passy, au nom de la commission de la chambre des députés proposait la conversion par la création d'un nouveau fonds à 3 1[2 pour cent. La substitution aurait lieu comme suit :

« Les propriétaires des 5 pour cent auraient la faculté de recevoir 4 fr 20 c. de rentes 3 1[2 pour cent pour chaque 5 fr. de rentes 5 pour cent. »

Puis le dernier paragraphe de l'article 1er du projet de loi portait :

« L'opération ne pourra être faite qu'autant :

» 2° Qu'elle donnera, pour résultat définitif sur l'intérêt des rentes échangées, une diminution effective, par 5 fr. de rente, de 70 c. *au moins*, et que le capital nominal des rentes substituées ou négociées ne présentera, dans aucun cas, une augmentation de plus de 20 *pour cent* sur la somme qui aurait été remboursée.

» Dans ce cas, dit M. le comte Roy dans son rapport, la rente 3 1[2 pour cent serait livrée au cours de 83, 33 et 1[3 de c.; le capital nominal de la rente substituée serait accru de 20 pour 0[0, et la diminution effective de l'intérêt serait de 50 c. par 5 fr. de rente.

Ce système est bien plus fâcheux encore que celui de M. Humann. En effet, pour une réduction de 70 c. par 5 fr. de rentes, et qui, en la calculant sur 120 millions, ne présentera qu'une économie de 16,800,000 fr., l'état s'interdirait toute possibilité, toute chance d'une seconde réduction, puisque le nouveau fonds serait créé en 3 1[2 pour cent. Ensuite la loi autoriserait le gouvernement à concéder un capital de 552 millions, concession qui présenterait un appât certain à l'agiotage.

Il est donc impossible d'accumuler plus de fautes et d'erreurs dans une opération que l'on peut rendre si simple; et qu'on ne dise pas que nous avons tort de regarder comme une perte les 552 millions concédés sur le capital, parce que le capital ne sera pas au pair. Avec la puissance énorme de notre amortissement (51,388,000 sur le 5 pour cent), il l'atteindra bientôt si la paix est conservée. En voici la preuve : le 3 pour cent étant à 81 fr., on peut évaluer le 3 1|2 pour cent à 94, 50.

En résultat le système de la commission nous préparait la perte d'un capital de plus 500 millions pour une économie annuelle de 17 millions ; car, en admettant l'hypothèse présentée par les partisans de cette mesure que l'intérêt pourra descendre un jour à 3 pour 0|0, il s'en suivra que les charges de l'état en seront considérablement augmentées, et qu'ainsi, plus il y aura d'amélioration dans le crédit public et dans nos finances, plus il en résultera de pertes pour le trésor public.

C'est donc avec fondement que, SOUS CE RAPPORT SEULEMENT, la chambre des pairs a rejeté le projet de loi.

Par les motifs que nous venons d'expliquer, nous repoussons le plan de M. Laffitte qui était à peu près celui de la commission dont M. Passy était rapporteur. M. Laffitte proposait la création de nouvelles rentes 3 et 1|2 et 4 et 1|2 p. 0|0 ; lesquelles seraient négociées ou échangées; les dernières au pair de 100 fr., les premières à 87 et 1|2.

Après cette discusion, il nous reste à exposer notre système.

La question de la conversion des rentes, doit être considérée plutôt sous le rapport politique que sous le rapport financier.

Un bon gouvernement, s'il ne doit pas abuser de sa force et de sa puissance envers des individus, s'il doit ménager le sort de nombreuses familles, s'il ne doit pas, en pareille circonstance, exercer tous ses droits à la dernière rigueur, doit aussi songer aux intérêts généraux du pays et à ceux des contribuables.

Tels étaient les sages principes de M. le baron Louis. Aussi, répétait-il souvent qu'une réduction ne devait s'opérer que de DEMI EN DEMI POUR 0|0.

Proposer donc aux rentiers du 4 et demi pour cent en échange du 5, quand le 4 pour cent est à 104,20, est un grand acte de générosité et de bienveillance ; il sera complété cet acte, par la garantie que la loi donnera aux créanciers que, pendant un espace de 8 à 10 ans, il seront *assurés contre toute réduction* nouvelle. Cependant l'état se réservera toujours la faculté de rembourser chaque année, une des séries que le sort aura désignée.

Ce mode de conversion est juste autant qu'il est facile et simple dans l'exécution, du moins nous croyons l'avoir démontré.

Pour compléter ce travail, nous allons présenter quelques considérations sur les différents modes d'emprunts suivis jusqu'à ce jour.

Des emprunts publics.

Deux modes d'emprunts sont ordinairement en usage dans les gouvernemens européens :

L'un consiste à emprunter sur un intérêt donné aux dépens du capital ;

L'autre consiste à emprunter un capital fixe moyennant un intérêt plus ou moins élevé, suivant les temps et les circonstances.

Le premier a pour lui tous les spéculateurs, banquiers et gens de finances, parce qu'ils savent fort bien que le capital abandonné est un bénéfice clair et positif, et qu'outre l'intérêt qui leur est accordé, ils ont encore à bénéficier sur la hausse des fonds quand la paix, la prospérité et l'amortissement en augmentent la valeur et les poussent vers le pair.

Ces messieurs font toujours bon marché de l'intérêt et l'acceptent aussi bas que les gouvernemens veulent le fixer pourvu qu'en proportion, on leur abandonne du capital. Ils calculent que plus l'intérêt du fonds d'emprunt est bas, plus il y aura de fluctuations, conséquemment de chances pour la spéculation. Aussi, en 1824, ont-ils accueilli avec enthousiasme la création du 3 p. 100 quand le 5 pour 100 touchait à peine au pair ; et, dans ces derniers temps, n'a-t-on pas été jusqu'à proposer la création d'une rente 2 pour 100 et la suppression totale de l'amortissement sous l'apparence d'une économie de 98 millions ! Ce système, en créant un *fonds très élastique*, suivant l'expression de la bourse, amènerait aux moindres événemens des variations si énormes dans les cours, que la place en serait bouleversée. Or, un gouvernement sage doit prévenir des désordres qui ne profitent qu'à l'agiotage (1).

L'emprunt aux dépens du capital est le moyen employé ordinairement par les fils de famille. Dans leur détresse, ils souscrivent un billet de 1,000 fr. à 5 p. 100 d'intérêts, qu'ils cèdent à 30, 40 ou 50 p. 100, suivant les circonstances.

Comme on le voit, les gouvernemens pourraient chercher des exemples à de meilleures sources ; et pourtant en Angleterre, ce gouvernement modèle suivant les uns, a suivi en tous points, et même avec complication, le mode qui lui était tracé par quelques prodigues.

Qu'est-il résulté pour elle du désastreux système d'emprunt adopté par M. Pitt ?

Cette nation si riche et si puissante a été réduite à l'impossibilité de rembourser sa dette.

Un rapport officiel présenté à la chambre des communes en 1823 a établi que, depuis 1733 jusqu'à cette époque, l'Angleterre avait fait ses emprunts en constituant 168 livres sterlings de capital pour chaque somme de cent livres empruntée, ce qui porte l'intérêt, à 5 1|5.

Lorsqu'en 1815 on ouvrit l'énorme emprunt de 675 millions de francs, on donna aux souscripteurs pour chaque somme de 100 livres 174 livres en 3 p. 100 et 10 p. 100 en 4.

Aujourd'hui le 3 pour 100 est coté à la bourse de Londres au taux de 92 ; et, si l'Angleterre voulait racheter ses rentes à ce prix, elle ne pourrait le faire qu'en donnant 155 environ pour chaque somme de 100 liv. qu'elle a reçue. A ce taux, qui pourra s'élever encore, elle aurait à payer 18 milliards pour les 11 milliards qui lui ont été prêtés. Aussi, pour échapper à cette perte de 7 milliards, elle a dû renoncer au remboursement et par conséquent, supprimer l'amortissement.

Dans cette occurence, les ministres anglais ne pouvant diminuer le capital de la dette, se sont rejetés sur l'intérêt et ils ont cherché à réduire les dépenses annuelles en convertissant les 5, 4 1|2, 4 pour 0|0 et autres fonds, en 3 p. 0|0.

Voici pourtant la position critique dans laquelle quelques es-

(1) En 1830, le 3 pour cent est tombé en peu de mois de 82 à 45.

prits bornés et certains personnages enthousiastes de tout ce qui vient de l'Angleterre voudraient nous placer : Supprimer l'amortissement et nous contenter d'une réduction d'intérêt quand nous pouvons nous libérer du capital !

C'est déjà beaucoup trop d'avoir imité nos voisins dans leurs modes d'emprunts ; au nom du bien public, ne les imitons pas encore dans la suppression de l'amortissement et éteignons notre dette ! On sera généralement de cet avis si l'on veut bien se rappeler que nous avons perdu 637 millions sur les 2,384,000,000 que nous avons empruntés. On partagera notre éloignement pour les emprunts avec perte de capital, si l'on veut bien considérer que, sur les 119 millions de rentes 5 p. 100 qui ont été négociées au taux commun de 73 la caisse d'amortissement n'a opéré ses rachats qu'au taux commun de 82, 48, et encore a-t-elle eu en sa faveur les crises financières de 1825 et de 1830.

Sous le rapport pécuniaire, le mode d'emprunt avec accroissement de capital et un faible intérêt peut soulager le présent dans les premiers temps, mais il a le tort d'augmenter progressivement les charges publiques et de les rejeter sur l'avenir.

Dans les momens de crise, quand *on ne peut faire autrement*, il faut bien l'employer, mais il y aurait abus et déraison à recourir à ce mode dans les temps de paix et de prospérité. Ce serait une faute grave de s'en servir pour rembourser le 5 p 100 quand on devrait s'occuper de soulager l'avenir ; il faut obtenir la réduction de *l'intérêt de la dette* des mêmes causes qui ont amené la réduction de *l'intérêt de l'argent*, c'est-à-dire du bien-être général, de l'abondance des capitaux, de la prospérité du pays ; et c'est ici le cas.

Le système d'emprunt avec augmentation de capital est un moyen de racheter les fonds publics au dessus du pair en établissant fictivement le taux du pair. C'est ce qui a lieu en ce moment sur la place de Paris. La loi défend de racheter le 5 pour cent à 100 f. 05 c., et elle autorise le rachat du 3 p. 100 à 81. Or, le 5 a été converti en 3 au taux de 75 ; par conséquent, en achetant le 3 pour 100 à 81, la caisse d'amortissement le paie 6 fr. au-dessus du pair. Comme on le voit par cet exemple, les fictions et les moyens détournés, loin de profiter au trésor public, lui sont toujours onéreux. L'intérêt privé sait toujours en tirer parti.

Le grand vice de l'opération par laquelle on réduit l'intérêt de la dette, en augmentant le capital, consiste dans ce fait que, tandis que le gouvernement paraît payer moins en intérêts, la caisse d'amortissement acquiert chaque année moins de rentes ; c'est-à-dire qu'elle éteint d'autant moins de capital avec la même somme que les cours de la rente sont plus élevés.

En France cet inconvénient se fera d'autant plus sentir que les fonds d'amortissement est très puissant. Il est à la dette 5 p. 100 dans le rapport de près de 2 p. 100.

C'est par ces puissans motifs, et la situation déplorable où se trouve l'Angleterre, dans l'impuissance où elle est de rembourser *une dette* de 18 milliards, que nous avons proposé, d'abord, le remboursement de la nôtre et que nous avons repoussé les modes de conversion de MM. Humann, Gouin et Laffitte ; ce sont ensuite les tristes résultats de ces opérations qui nous ont fait blâmer les modes d'emprunt de MM. Corvetto et de Villèle.

D'accord avec MM. le baron Louis, les comtes de Chabrol et Roy, nous pensons qu'*autant que faire se peut*, un état doit emprunter comme le ferait un tuteur et un bon père de famille ; stipuler le capital dont il a besoin et débattre seulement le taux des intérêts avec le prêteur, sans lui céder jamais la moindre portion du capital.

C'est ce principe qui, en 1814, a déterminé le baron Louis à émettre les obligations royales en paiement de l'arriéré. On s'est beaucoup récrié, à cette époque, sur ce qu'il a osé leur attacher un intérêt de 8 pour 100. On taxait ce taux d'usuraire, et on ne réfléchissait pas que tel était alors le cours de la rente 5 pour 100. Or, si le baron Louis avait donné en paiement la rente à 62 ou 63, ou s'il avait contracté un emprunt à ce taux, il aurait engagé l'état à servir perpétuellement aux prêteurs un intérêt de 8 pour 100, et leur aurait abandonné en outre un capital de 38 pour 100.

Il avait donc d'autant plus raison d'agir comme il l'a fait, qu'il avait déjà songé à réduire les intérêts des obligations royales et que les 40 millions qui ont été trouvés dans les caisses du trésor, au retour de l'île d'Elbe, avaient été préparés pour retirer les obligations royales des mains des porteurs qui n'auraient pas consenti à en réduire l'intérêt.

A la seconde restauration on a agi autrement ; M. Corvetto a contracté ses premiers emprunts à 51 fr. Ainsi, il a emprunté non seulement à un intérêt perpétuel de près de 10 p. 100, mais encore il a constitué l'état débiteur de DEUX CAPITAUX POUR UN. N'aurait-il pas été cent fois préférable qu'il eût emprunté au taux de 12 à 14 p. 100 sans donner de capital ?

Eh bien ! tous les gens d'affaires, de cour et de finances, tous les hommes en place blâmaient M. Louis et le poursuivaient de leurs sarcasmes; en revanche, le génie financier de M. Corvetto était généralement porté jusqu'aux nues. Pourquoi cela? Tout le monde y gagnait, excepté le pays.

Nous ne nous étendrons pas sur ce sujet; aujourd'hui ceux qui repousseraient le système que nous venons de développer seraient de ces gens qui ne veulent pas entendre, conséquemment qu'on ne peut convertir.

En résumé, nous demandons que, pour l'avenir, la loi ordonne que les emprunts seront ouverts sur un capital déterminé et fixe, et que les soumissions des prêteurs porteront seulement sur le taux de l'intérêt. Par exemple le ministre des finances dira : L'état a besoin de 100 millions; il les recevra de la compagnie qui les soumissionnera au moindre intérêt. De son côté, le gouvernement s'engagera à fournir un amortissement de tant pour cent, et à ne pouvoir réduire l'intérêt ou rembourser l'emprunt qu'après un délai de dix, douze ou quinze années.

Ces observations, que nous soumettons à nos concitoyens, sont le fruit de quarante années de travaux et d'études, et de nos rapports avec les hommes d'état et de finances les plus distingués. Nous avons cherché à défendre les intérêts du pays, les droits de l'état comme la cause des créanciers, et surtout à éviter toutes mesure qui serait injuste ou oppressive. Nous serions trop heureux si le gouvernement et les chambres pouvaient trouver quelqu'idée utile dans les propositions que nous résumons ainsi :

1° Diviser le grand livre des 5 pour 0|0 consolidés en

26 séries de 5 millions de rentes chacune, soit. .	130,000,000 fr.
Plus 1 série de.	4,578,000
Total 27 séries.	
Total égal aux rentes actuelles.	134,578,000 fr.

2° Ordonner la restitution à la caisse d'amortissement des sommes qui lui ont été illégalement et déloyalement enlevées par la loi du 17 mai 1837.

3° Employer le montant de ces restitutions à rembourser une ou deux des séries désignées par le sort.

4° Disposer qu'avec le montant des excédans de recettes, des économies et des fonds d'amortissement, le ministre des finances remboursera annuellement une série.

5° L'autoriser à ouvrir un emprunt pour achever les grands travaux publics, mais seulement ceux votés jusqu'ici.

6° L'autoriser à convertir en 4 1|2 la rente 5 pour 0|0, par série ou en totalité, avec cet avantage pour les créanciers que, pendant 8 à 10 ans, ils n'éprouveront aucune réduction nouvelle, mais qu'ils seront soumis seulement aux chances du remboursement annuel par série.

7° Disposer par une loi qu'à l'avenir, tout emprunt sera fait pour un capitel donné, avec un intérêt plus ou moins élevé dont la durée sera garantie pendant un certain nombre d'années.

8° Enfin, pour faciliter au ministre des finances les moyens d'exécuter le remboursement et la conversion, mettre à sa disposition 300 millions de bons royaux et 12 millions de rentes 4 p. 0[0.

Si ce plan était suivi, dès la première année, il procurerait au trésor une économie de 23 millions, savoir :

Rentes abandonnées ou sans propriétaires qui rentreraient à l'Etat par l'échange des nouveaux titres..........	1 million
Intérêts sur 195 millions montant de la réserve de l'amortissement, aujourd'hui sans produits, et qui serait employé à racheter deux séries..............	10 idem
Avantage obtenu par la conversion du 5 pour 0[0 en 4 1[2, sur 120 millions....................	12 idem
Total...........	23.

www.ingramcontent.com/pod-product-compliance
Ingram Content Group UK Ltd.
Pitfield, Milton Keynes, MK11 3LW, UK
UKHW020225180726
13838UKWH00005B/2188